LOIS CONSTITUTIONNELLES.

PROJET

DE

SOLUTION

LOIS CONSTITUTIONNELLES.

NEVERS,

IMPRIMERIE ET LITHOGRAPHIE FAY,
Place de la Halle et rue du Rempart, 2.
—
1874

LOIS CONSTITUTIONNELLES.

Au mois de juillet dernier, j'ai eu l'honneur d'adresser à plusieurs membres de l'Assemblée nationale un opuscule où je cherchais à prouver que, pour les lois constitutionnelles, la solution était dans le principe de la suprématie de l'intelligence et du mérite personnel, principe qui a donné aux institutions auxquelles il sert de base : l'armée, le clergé, la magistrature et les diverses administrations, une telle stabilité et une telle grandeur que les révolutions n'ont pu les ébranler, et qui peut se formuler ainsi :

« Tout citoyen a le droit de prendre aux affaires publiques la part que comportent son intelligence et son mérite. »

Je cherchais à démontrer que pour donner aux lois une base juste et solide, il fallait soumettre la fonction d'électeur aux règles admises pour toutes les autres fonctions, et ne la donner qu'aux citoyens capables d'en user avec discernement. La preuve de capacité qui servirait de base à la loi pourrait être la position acquise par le mérite personnel. Ainsi, seraient électeurs tous les citoyens ayant un grade, titre, brevet ou diplôme quelconque, tous ceux qui auraient obtenu une position quelconque par le suffrage de leurs concitoyens, et enfin les hommes occupés dans les affaires : agriculteurs, industriels, commerçants et employés. Il est possible de déterminer dans chaque profession séparément la hiérarchie reconnue par tout le monde, et de baser sur elle les droits des citoyens.

Quelques députés appartenant à divers groupes parlementaires ont daigné m'écrire pour me donner des marques d'approbation. Cependant, quelques objections m'ont été faites ; je voudrais y répondre tout en résumant ici et la théorie et les conclusions que j'ai déjà développées.

Avant de rechercher la constitution qui convient le mieux à la France, il faut étudier sa situation sans esprit de parti, connaître les causes des rivalités, des troubles, des révolutions et des désastres, mais aussi celles de son existence et de sa grandeur.

Des esprits, effrayés par notre situation politique, n'ont pas craint de prononcer le mot de décadence. Il m'est impossible de voir dans notre patrie les signes précurseurs de la décadence des nations.

Le clergé est plus religieux et plus dévoué que jamais. Jamais la justice ne fût mieux rendue, ni la magistrature plus intègre.

Le courage des armées est-il moins grand que jadis ? Et en quoi les soldats vaincus de Reischoffen, aussi bien que les soldats vainqueurs de Solferino et de Sébastopol, ont-ils été moins braves que leurs aïeux de Rocroy ou d'Austerlitz ?

L'exactitude la plus rigoureuse règne dans toutes les administrations.

Dans toutes les classes de la société, chez le plus grand nombre, l'esprit de famille s'appuie sur la dignité dans le travail et les vertus du foyer.

Notre crédit est à peine atteint ; jamais l'agriculture, le commerce et l'industrie n'ont connu une semblable prospérité.

Non, nous ne vivons pas à une époque de décadence, mais à une époque de transformation.

Il y a peu d'années, en 1867, lorsque la France, fière de ses victoires, offrait au monde ce splendide spectacle de l'Exposition universelle, qui aurait pensé à prononcer le mot de décadence? Depuis, deux cent mille Français ont été écrasés par un million d'Allemands mieux armés et commandés par de Moltke, le plus grand génie militaire de notre temps. Mais notre résistance a-t-elle manqué de grandeur? Et, lorsque nos armées furent emmenées prisonnières en Allemagne, que pouvaient faire de plus ces hommes mal vêtus, mal armés, manquant de commandement, qui essayaient de lutter avec des armes dont ils ne connaissaient pas l'usage contre les troupes aguerries et si bien pourvues de la Prusse?

Ceux qui prétendent que tout dégénère croient par contre qu'eux-mêmes et les leurs sont des modèles de vertu, et cette exception les flatte sans doute très-fort dans leur orgueil. Si leur assertion était vraie, si réellement la France était en décadence, sans courage ni sans forces vives, l'œuvre des législateurs serait presque impossible. Mais la nation sent au contraire la sève et la vitalité partout; elle demande la stabilité aux lois, afin de progresser encore. Le mal n'est pas dans le pays, mais bien dans les institutions; il est donc possible d'y porter remède, et c'est là le devoir de l'Assemblée nationale.

Les mêmes esprits découragés qui osent dire que nous sommes en décadence répètent journellement que l'Assemblée est impuissante.

Je suis de ceux qui ont pour l'Assemblée nationale un profond respect, parce qu'elle a été nommée dans des circonstances tellement terribles, qu'elle se compose, en grande majorité, des hommes les plus distingués, les plus libéraux et les plus indépendants, et une vive reconnaissance, parce qu'autant qu'il a été possible elle a rétabli l'ordre et la prospérité à l'intérieur, et soutenu la dignité nationale à l'étranger. Elle n'a n'a pas fait la République parce qu'elle ne l'a pas voulu, et si elle n'a pas fait la monarchie, c'est pour une cause indépendante de sa volonté. Il lui a été impossible de s'entendre avec M. le comte de Chambord. L'impuissance, c'est la faiblesse. On ne peut pas accuser de faiblesse les députés royalistes qui n'ont pas cru pouvoir sacrifier leurs convictions à celles du prince qu'ils auraient voulu mettre sur le trône.

Il est impossible que, dans une nation riche et grande comme la France, avec un chef comme Mac-Mahon, une Assemblée aussi éclairée, aussi libérale, aussi indépendante, ne puisse pas trouver une constitution stable et conforme à l'esprit national.

Mais, disent les mêmes hommes découragés, ce qui prouve bien l'impuissance de l'Assemblée, c'est qu'elle est revenue sur plusieurs de ses propres décisions et qu'elle ne peut pas aboutir à présenter une solution satisfaisante.

Si une réunion de savants les plus illustres voulait chercher le mouvement perpétuel, elle serait impuissante à trouver une solution; mais cela ne prouverait pas que ces mêmes savants ne pourraient pas trouver, en s'appuyant sur des données justes, un mécanisme d'une grande perfection.

La situation de l'Assemblée est en tout semblable à celle de ces savants. Jusqu'à ce jour elle s'est épuisée en efforts impuissants pour chercher une constitution libérale basée sur le principe de la souveraineté du nombre. C'est un problème aussi insoluble que celui du mouvement perpétuel; mais de ce qu'elle est impuissante à faire une chose impossible, il est absurde d'en conclure qu'elle ne pourrait pas créer un mécanisme parfait en s'appuyant sur des données justes.

L'Assemblée est revenue sur quelques-unes de ses décisions parce qu'à leur arrivée les députés, qui avaient en grande majorité lutté contre le despotisme de l'Empire, avaient voulu appliquer les grandes idées de libéralisme et de décentralisation pour lesquelles ils avaient combattu. Depuis, les hommes les plus libéraux ont reconnu que ces idées étaient impraticables avec le suffrage universel, et, pour la loi municipale, par exemple, ils sont revenus sur leurs votes antérieurs. Mais cela ne prouve que deux choses : c'est que , quel que soit le libéralisme de l'Assemblée et du Gouvernement, toute idée libérale ou décentralisatrice est impossible avec le suffrage universel, et que les députés, après avoir constaté ce fait, ont eu le courage de revenir sur leurs décisions, ce qui est loin d'être une preuve de faiblesse.

Dans toutes les questions patriotiques , il s'est toujours trouvé dans la Chambre une véritable majorité. C'est dans cette majorité qu'est notre espoir. L'accuser d'impuissance, c'est de l'ingratitude et c'est vouloir nous arracher nos moyens de salut.

Tout gouvernement libéral est impossible avec le suffrage universel, et serait au contraire la conséquence forcée de l'application du principe de la suprématie de l'intelligence et du mérite personnel. C'est ce qu'il me sera facile à démontrer.

I.

Un gouvernement libéral doit protéger également tous les droits et tous les intérêts de chaque classe sociale.

Le Gouvernement ne peut atteindre ce but qu'en s'appuyant sur une Chambre représentant également les intérêts de la bourgeoisie et du peuple. Or, la Chambre représente forcément les intérêts de la majorité du collége électoral qui l'a élue; car l'expérience démontre que tout électeur, au lieu de rechercher avec conscience quel peut être le candidat le plus digne, choisit toujours de préférence celui qui le flatte le plus dans ses intérêts, ses passions, ses instincts ou ses haines. Il est, d'ailleurs, naturel que tout homme, même le plus honnête, soit aveuglé par ses intérêts personnels au point de confondre l'intérêt général de l'État avec le sien propre.

En appliquant le principe de la suprématie de la richesse, qui est la base du régime censitaire, la Chambre représente exclusivement les intérêts de la bourgeoisie.

Avec le suffrage universel, le collége électoral comprend à peine deux bourgeois sur dix électeurs. La bourgeoisie est donc en telle minorité qu'elle n'est rien par elle-même dans le monde politique, et la Chambre ne représente que les intérêts du peuple. Aussi les comités ne choisissent-ils pas les candidats les plus dignes, mais bien ceux qui ont les plus grandes chances de réussir auprès des paysans et des ouvriers.

Afin que la Chambre représente également les intérêts de la bourgeoisie et du peuple, il faut donc que dans le collége électoral une classe sociale n'ait pas une prédominance marquée sur l'autre. Ce résultat serait facile à atteindre en appliquant le principe de la suprématie de l'intelligence et du mérite personnel, et c'est dans cet esprit de justice que devrait être fait le choix des positions donnant droit à la fonction d'électeur. Ainsi, par exemple, si pour les anciens militaires on ne donnait le droit d'électeur qu'aux officiers, la bourgeoisie serait avantagée. Si, au contraire, on descendait jusqu'aux caporaux inclusivement, ce serait le peuple qui aurait l'avantage. Je crois qu'en comprenant les officiers et les sous-officiers l'égalité existerait entre les classes sociales. On peut faire un raisonnement analogue pour toutes les professions séparément. Le collége électoral, comprenant ainsi tous les hommes intelligents de la bourgeoisie et du peuple, la Chambre représenterait les intérêts de l'un et de l'autre; et comme le Gouvernement doit se faire par la Chambre, il serait forcé de protéger également les droits et les intérêts de chaque classe sociale.

L'Assemblée nationale actuelle est tellement bien équilibrée, qu'aucun parti ne peut y dominer les autres. Pour ceux qui ne voient de solution que dans le triomphe d'un parti, cet équilibre semble être une cause d'impuissance. Je crois, au contraire, que pour faire une bonne loi électorale, n'avantageant aucune classe sociale ni aucun parti, cet équilibre est indispensable. Sans cela, si un parti, si une classe sociale avait la prédominance dans la Chambre, la loi électorale qui en sortirait serait faite à l'avantage de cette classe ou de ce parti dominant.

II.

Un gouvernement libéral ne doit agir ni par despotisme ni par intimidation.

L'expérience démontre que lorsqu'une classe sociale est avantagée par la loi, elle veut en profiter pour se soustraire aux charges publiques et les faire peser sur les autres classes, qui cherchent alors à se révolter pour ne pas subir cette injustice.

Un gouvernement est despotique lorsque, s'appuyant sur une seule classe sociale ou sur l'armée, il opprime le reste de la nation.

Dans l'ancien régime, le principe fondamental de la loi était celui de la suprématie de la naissance. Le gouvernement devait donc se faire par la noblesse en opprimant la bourgeoisie et le peuple qui, pour ne plus subir ce despotisme, se révoltèrent en 1789.

Sous le régime censitaire, le principe fondamental de la loi était celui de la suprématie de la fortune. La bourgeoisie profita du pouvoir pour se soustraire autant que possible aux charges publiques. Ainsi, par la loi sur le remplacement, le service militaire pesait uniquement sur le peuple. La conséquence forcée du régime censitaire fut de faire naître chez ceux qui n'avaient pas de fortune un sentiment de rivalité contre les riches et de révolte contre la loi. Le gouvernement qui s'appuyait sur la bourgeoisie dut lutter avec despotisme contre le peuple et les libéraux. Ces luttes aboutirent à la révolution de 1848.

Avec le suffrage universel, la classe dominante est le peuple; et de même que sous l'ancien régime le gouvernement se faisait par la noblesse, que sous le régime censitaire le gouvernement se faisait par la bourgeoisie, de même, avec le suffrage universel, le gouvernement doit se faire par le peuple. Les législateurs reconnaissant que le principe de la souveraineté du nombre est le plus juste de tous les principes, qu'il doit assurer la grandeur et la stabilité des institutions, il est logique d'en demander l'application dans toutes les lois.

Le parti radical, qui demande que le gouvernement se fasse par le peuple, qui est la majorité du collége électoral, et que le principe de la souveraineté du nombre soit appliqué dans toutes les lois en donnant les grades et les fonctions à l'élection, est tout aussi logique que l'étaient la noblesse avant 89 et la bourgeoisie avant 48. Et le peuple suit exactement l'exemple donné successivement par ces deux classes sociales, lorsqu'il veut profiter du pouvoir que lui donne la loi pour se soustraire aux charges publiques en établissant l'impôt progressif et en abolissant les armées permanentes.

Ainsi donc, avec le suffrage universel, le parti logique avec le principe fondamental de la loi est le parti radical. Il répète journellement au peuple qu'il est la force puisqu'il est le nombre, et ses moyens d'action sont de rechercher et de promettre aux ouvriers tout ce qui peut les séduire dans leurs intérêts, leurs instincts, leurs passions et leurs haines.

Le parti conservateur ne peut pas employer d'autre moyen de séduction que l'argent ; mais il a une grande force dans les usages établis, dans le raisonnement et dans l'intimidation. Ainsi, beaucoup de gens riches forcent les ouvriers placés sous leur dépendance à voter pour le candidat de leur choix.

Suivant le parti qui l'emporte, le Gouvernement est radical ou conservateur.

Un gouvernement conservateur ne peut exister qu'en luttant avec despotisme et par l'intimidation contre le parti radical. Le gouvernement actuel emploie exactement les mêmes moyens que l'Empire, tant il est vrai qu'avec les mêmes institutions les hommes doivent gouverner par les mêmes procédés. Ces moyens sont la nomination des maires, la révocation des fonctionnaires radicaux ou le refus de leur accorder l'avancement dû à leurs services, et le don de toutes les faveurs aux conservateurs seuls.

Lorsque les radicaux furent au pouvoir après le 4 septembre, ils employèrent exactement les mêmes moyens de despotisme contre les conservateurs.

Avec le suffrage universel, la France se trouve ainsi divisée en deux partis à peu près égaux, qui s'épuisent en efforts incessants pour arriver au pouvoir. Le triomphe du parti radical aboutirait fatalement à l'anarchie; et lorsque le parti conservateur l'emporte, le Gouvernement est forcément despotique; il est obligé de lutter avec acharnement contre le parti radical, parti s'appuyant sur le principe de la souveraineté du nombre; de telle sorte que le Gouvernement est dans cette situation inouïe d'être forcé de lutter contre l'application du principe fondamental de la loi.

Si la loi reposait sur le principe de la suprématie de l'intelligence et du mérite personnel, le gouvernement s'appuierait également, ainsi que je l'ai démontré, sur chaque classe sociale. Le despotisme ne serait donc pas à craindre, puisqu'il ne peut exister que dans le cas où le Gouvernement, ne s'appuyant que sur une classe sociale, est obligé d'opprimer les autres et de les maintenir par la force.

III.

Un gouvernement libéral doit être impartial et ne faire aucune distinction basée sur les opinions politiques.

La grande cause de l'acharnement des partis est dans l'obligation où se trouve le Gouvernement de donner plusieurs fonctions publiques au parti qui triomphe et de les retirer à celui qui échoue. Il est bien certain que tout homme dont l'avenir et la fortune dépendent du triomphe d'un parti doit s'acharner dans les luttes politiques.

Afin de faire cesser cette lutte entre les partis, la loi ne doit faire aucune distinction basée sur les opinions politiques.

La loi doit exiger de tout homme qui veut prendre part aux affaires publiques trois qualités indispensables : la capacité, la dignité, l'obéissance ; mais lorsqu'il remplit ces conditions dans la fonction qu'il possède, il doit être inviolable.

Dans l'armée, il n'y a pas de division de partis, parce que la loi militaire ne tient aucun compte des opinions politiques. S'il en était de même dans la nation, l'apaisement ne tarderait pas à se faire.

Lorsque des fonctionnaires, des maires qui ont fait leur devoir sont cassés à cause de leurs opinions, par cela même des partis entiers, des millions de citoyens sont mis hors la loi, et l'ordre est impossible à maintenir avec des mesures aussi vexatoires. Ces mesures sont nécessaires avec le suffrage universel. Le Gouvernement ne peut pas être impartial ; et s'il cessait d'agir par intimidation contre le parti radical, il

serait promptement débordé, car le peuple se laisserait entraîner par toutes les séductions de ce parti.

Avec l'application du principe de la suprématie de l'intelligence et du mérite, la loi ne donnerait plus l'avantage au
peuple; le parti radical ne pouvant plus triompher, cesserait
d'exister, et le gouvernement, s'appuyant également sur chaque classe sociale, serait facilement impartial.

IV.

**Un gouvernement libéral ne doit avoir aucun sen-
timent de méfiance contre aucune partie de la
société.**

Il existe dans la nation, entre les diverses parties de la
société, des sentiments de méfiance et de rivalité dont il est
facile de déterminer les causes. Chez le plus grand nombre
des familles anciennes, les traditions ne permettent pas d'embrasser certaines professions sans déroger. Il est naturel que
la rivalité existe entre cette classe élevée de la société et ceux
qui embrassent les professions qu'elle semble dédaigner.

Beaucoup de bourgeois, même de la naissance la plus vul
gaire, ont aussi un sentiment de méfiance contre les hommes
intelligents sans fortune. Ce sentiment provient de ce que,
sous le gouvernement de juillet, la bourgeoisie, ne voulant pas
admettre dans le monde politique les hommes les plus honnêtes et les plus intelligents s'ils n'étaient pas riches, ceux-ci
ont lutté contre les lois injustes qui les tenaient à l'écart. Cette
rivalité existe encore, et j'ai entendu des gens riches préférer
le suffrage universel au suffrage restreint, parce que, disaient-
ils, il leur était possible de faire voter les paysans suivant leur
volonté, tandis qu'ils n'avaient pas d'influence sur les hommes intelligents. Mais leur influence sur les paysans dispa-

raît tous les jours, et ils se laisseront avant peu, ainsi que les ouvriers des villes, entraîner par les séductions des radicaux. Un collége électoral composé d'hommes instruits n'aurait, au contraire, aucun intérêt à faire triompher le radicalisme, et si la loi leur témoignait la confiance la plus absolue, ils soutiendraient certainement cette loi.

Ces sentiments de méfiance sont très-répandus, on les rencontre même chez les personnes les plus distinguées. J'ai fait à ce sujet une remarque assez singulière : c'est que chacun a une antipathie particulière pour une profession différente.

Ainsi, me disait l'un, en comprenant dans un collége électoral tous les hommes intelligents, on serait donc obligé d'y admettre les maîtres d'école? ou, me disait un autre, les commis-voyageurs, ou bien les comédiens, ou les avocats et les avoués, etc. Quelqu'un même redoutait particulièrement les médecins. En général, toutes les professions qui ont eu à souffrir dans leur amour-propre ou dans leurs intérêts sous les régimes antérieurs inspirent des craintes aux classes élevées de la société.

Et cependant que ceux qui éprouvent ces sentiments de méfiance contre une profession quelconque regardent parmi les membres de cette profession qu'ils connaissent, ils trouveront peut-être des personnalités tapageuses qui recherchent une popularité facile par le bruit qui les entoure ; mais c'est là une exception, et ils verront que la grande majorité de ceux qui exercent honorablement cette profession appartiennent au parti de l'ordre.

La loi doit faire disparaître toutes ces misérables rivalités, et le meilleur moyen pour arriver à ce but est d'avoir une égale confiance dans toutes les professions honorables. Comment? on s'en rapporte au patriotisme des hommes intelligents pour leur confier les positions les plus délicates, et on se méfierait d'eux pour leur donner le droit de vote? Ce sont ces méfiances qui font naître les rancunes et les luttes.

Pourquoi, par exemple, redouter les maîtres d'école? S'il est au monde une profession ingrate, c'est bien celle de l'instruction primaire, et pour l'embrasser il faut avoir un caractère modeste et dévoué. Pourquoi irriter ces hommes, naturellement bons, en les tenant en suspicion? Il existe entre les congrégations religieuses et les maîtres laïques une rivalité de métier dont les partis voudraient profiter. Les royalistes font des promesses aux religieux et les radicaux aux laïques. La politique a franchi le seuil sacré de l'école. C'est un malheur très-grand; car, pour beaucoup, de la lutte contre les religieux naît forcément la lutte contre la religion elle-même. La loi doit empêcher, autant que possible, cette rivalité, en donnant la plus entière liberté d'instruction et en établissant l'égalité la plus absolue entre toutes les écoles, de telle sorte que nulle part une école quelconque ne puisse être opprimée. Et si la loi veut que les maîtres élèvent les enfants dans le respect des lois et l'amour de la patrie, elle doit avoir en eux la plus grande confiance et les entourer de la considération qu'ils méritent.

Et les comédiens, pourquoi ne pas avoir confiance en eux? Ils ont tout intérêt à la prospérité des affaires, puisqu'ils vivent du luxe. Et puis ils ont, dans leur talent de déclamation, une puissance qui peut entraîner dans les jours de crise. Le gouvernement impérial en a trop abusé, pour notre dignité, au début de la guerre, en 1870. Pourquoi la loi mettrait-elle cette force contre elle, en ne témoignant aux comédiens que méfiance et suspicion? Ce sont des hommes pleins d'amour-propre ou de vanité, et qui seraient certainement dévoués à la loi qui leur témoignerait la considération que méritent les arts et le talent.

Pourquoi la loi n'aurait-elle pas dans les commis-voyageurs une confiance semblable à celle qu'ils inspirent aux commerçants dont ils font les affaires? Leur métier les oblige à circuler de ville en ville; ils ont donc sur l'opinion générale une influence beaucoup moins grande que jadis, lorsque les journaux étaient moins répandus, mais suffisante cependant pour que la loi ait intérêt à les traiter comme le méritent des hommes d'affaires qui ont su acquérir la confiance des commerçants.

On pourrait faire un raisonnement semblable pour toutes les professions et démontrer que la loi aurait intérêt à flatter chacune d'elles dans son amour-propre.

Dans l'armée, on ne peut obtenir l'élévation des idées et l'esprit de dévouement que par la confiance qu'on témoigne à chacun. Il doit en être de même dans la nation ; et si la loi veut exiger le dévouement de tous, elle doit avoir confiance dans tous.

V.

Un gouvernement libéral doit être basé sur la raison et sur la conscience.

On ne pourrait pas donner une autre épithète que celle d'insensé à un riche propriétaire qui, pour faire un placement d'argent, réunirait son intendant et ses domestiques et leur tiendrait ce langage : « Je sais parfaitement que seuls, mon intendant et moi, nous sommes capables de placer mon argent avec discernement, mais je ne trouve juste que le principe de la souveraineté du nombre, et je ferai le placement que décidera la majorité » Il pourrait réussir par hasard, mais il aurait tout autant de chances pour mal faire.

Eh bien ! lorsqu'un législateur fait le raisonnement suivant : « Je sais bien que sur dix électeurs, trois ou quatre à peine sont capables de nommer un député avec discernement ; mais j'ai un tel respect pour le principe de la souveraineté du nombre, que la loi ne devra mettre aucune différence entre

l'incapable et celui qui peut agir avec connaissance de cause. »
En quoi le raisonnement du législateur est-il plus sensé que
celui de ce propriétaire ? et cependant l'un ne risquerait que
sa fortune, tandis que l'autre risque l'existence même de la
nation.

Avec le suffrage universel, le pouvoir est dans les mains
d'une masse incapable de se rendre compte des choses de la
politique. Cette masse est tiraillée en tous sens par les partis
qui font à chaque électeur les théories les plus incroyables afin
de le séduire. Quel rôle peut jouer la raison sur une force
aussi brutale ?

Les hommes les plus intelligents eux-mêmes ne peuvent
pas raisonner leurs votes. Ils sentent bien qu'ils sont isolés
dans la masse des ouvriers et des paysans, et ils subissent la
puissance brutale de cette masse pour se décider dans le choix
qui leur semble le moins mauvais. Ce choix, du reste, est
limité entre deux partis : le radicalisme que veulent faire
triompher les ouvriers qui désirent profiter du pouvoir que
leur donne la loi, et le despotisme impérial auquel les
autres ouvriers demandent l'ordre et la tranquillité.

Il est donc impossible au Gouvernement de s'appuyer sur
la raison, puisque la plus grande masse du collége électoral
est incapable de comprendre les raisonnements les plus justes.

Il est loin de ma pensée de prétendre que les hommes sans
instruction ont une valeur morale moindre que les plus instruits. Mais les questions les plus simples de la politique leur
sont étrangères, et ils sont incapables d'émettre un vote avec
connaissance de cause. Il n'y a, pour s'en assurer, qu'à inter-
roger le premier paysan pris au hasard. Du reste, on pourrait
faire l'expérience inverse et poser au savant le plus versé
dans les sciences politiques, mais n'ayant jamais quitté la
capitale, les questions les plus simples sur la culture de la
terre. Il ferait des réponses tout aussi grotesques que celles
qu'un paysan pourrait faire sur la politique. Et de même

qu'il serait absurde de confier la gestion d'une ferme à ce savant, de même il est dangereux de mettre les intérêts de la France dans les mains des ouvriers et des paysans.

Avec un collége électoral composé d'hommes instruits les choix seraient faits avec discernement. Toutes les théories insensées avec lesquelles on veut surprendre le suffrage universel ne pourraient plus avoir cours, et les députés, élus avec raisonnement, seraient certainement capables de défendre les véritables intérêts de leurs arrondissements et de la nation. Le Gouvernement, ne s'appuyant plus sur une masse brutale, mais bien sur un collége électoral qui raisonnerait les faits, serait obligé d'agir avec raison. Aujourd'hui, avec la presse et l'électricité, le Gouvernement doit agir au grand jour; toutes les habiletés sont devinées et publiées à l'instant; il faut donc qu'il puisse compter sur un collége électoral capable de le comprendre.

Le Gouvernement doit s'appuyer sur la conscience aussi bien que sur la raison.

Avec le régime censitaire, les électeurs, grâce à leur richesse, avaient généralement reçu une instruction suffisante pour choisir les députés avec discernement. Mais le Gouvernement, qui avait ainsi affaire à un collége électoral intelligent, devait lutter contre les sentiments les plus justes de la conscience.

Pour bien saisir l'injustice du régime censitaire, supposez qu'un revers de fortune enlève à un citoyen tout ce qu'il possède et que la loi vienne lui dire : « Hier, vous étiez riche, votre existence était facile, vous aviez intérêt aux choses de l'État, vous pouviez y prendre part et être électeur. Aujourd'hui, vous êtes pauvre, vous voilà en lutte avec toutes les difficultés de l'existence, mais vous n'avez plus aucun intérêt aux choses publiques, et vous perdez votre droit d'électeur. » Quelle est la conscience qui ne serait pas révoltée ? L'intérêt d'un homme sans fortune doit être aussi grand et aussi sacré devant la loi que celui d'un homme riche, car on ne saurait démontrer que l'intérêt d'un citoyen est proportionnel à sa fortune. Il serait facile de prouver que les charges publiques pèsent plus durement sur les ouvriers que sur les gens riches, et d'en conclure qu'il est injuste de croire que l'argent puisse donner des droits politiques. Du reste, il n'existe pas en France un seul homme de cœur qui trouverait juste de le priver d'un droit accordé à un citoyen souvent moins honnête et moins intelligent que lui, pour cette seule raison que ce citoyen posséderait plus d'argent.

Avec le suffrage universel, les hommes sensés souffrent dans leur conscience aussi bien que dans leur raison lorsqu'ils voient les choix souvent trop injustes et lorsque des hommes mal famés sont préférés aux plus dignes. Avec le suffrage à deux degrés que demandent les esprits plus modérés, peut-on espérer que le collége électoral serait composé avec conscience? Supposons qu'on fasse nommer l'électeur par vingt citoyens. Il y aura parmi ces vingt citoyens plus de quinze ouvriers. Ils choisiront naturellement celui qui les flattera le plus dans leurs instincts et leurs passions, et nullement le plus méritant. Ainsi donc, les hommes les plus distingués seraient écartés du collége électoral, tandis que les plus vulgaires en feraient partie. N'est-il pas plus conforme aux sentiments de la conscience d'admettre dans le collége électoral tous ceux qui en sont dignes et capables? Et ne serait-il pas beaucoup plus juste que chacun puisse conquérir son titre d'électeur par son propre mérite, et non pas en briguant par des procédés plus ou moins avouables le suffrage de ses voisins?

Alors, chaque électeur qui aurait conquis son titre par son mérite, flatté dans son amour-propre, fier de cette distinction donnée par la loi, ferait, avec sa raison et avec sa conscience, le choix le plus digne.

Le principe de la suprématie de la fortune est contraire à la conscience.

Le principe de la souveraineté du nombre est contraire à la raison.

Le principe de la suprématie de l'intelligence et du mérite personnel est conforme à la raison et à la conscience.

VI.

Un gouvernement libéral doit faire respecter l'autorité.

Avec le suffrage universel, le Gouvernement ne peut pas faire respecter l'autorité Journellement les membres des conseils élus entrent en lutte avec le pouvoir exécutif, sous prétexte que leur autorité leur vient des électeurs. Ils peuvent être cassés, mais ils sont généralement renommés à une plus grande majorité. L'État se trouve ainsi mis en affront par le premier venu, et toute idée de l'autorité se perd avec ces théories insensées.

Le principe de l'autorité doit résider dans la loi seule.

La loi est l'ensemble des principes, des réglements et des pénalités reconnus nécessaires pour assurer la stabilité et la grandeur des institutions sur lesquelles repose la nation.

Pour atteindre son but, la loi doit exiger de tout citoyen qui veut prendre part aux affaires publiques trois qualités indispensables : la capacité, la dignité, l'obéissance.

Tout citoyen qui participe aux affaires publiques remplit une fonction; donc, le titre d'électeur constitue une fonction.

Dans l'organisation si complexe d'un état, toutes les fonctions ne peuvent pas s'obtenir de la même manière. Les unes sont données au concours, d'autres s'obtiennent par voie hiérarchique, d'autres enfin, qui consistent à régir les intérêts des citoyens, sont données par les citoyens eux-mêmes. Mais quelle que soit l'origine de la fonction, celui qui en est revêtu tient son autorité de la loi seule, et le chef du pouvoir exécutif doit le casser s'il ne remplit pas les conditions indispensables de capacité, de dignité et d'obéissance. Et comme la loi ne doit pas recevoir d'affront, tout membre d'un conseil élu qui a été cassé doit perdre son droit d'éligibilité, de même que tout autre fonctionnaire cassé ne peut plus rentrer dans le corps dont il faisait partie.

VII.

Un gouvernement libéral doit maintenir le respect de la hiérarchie.

Jadis la hiérarchie se basait sur la naissance. Depuis, on aurait voulu la baser sur la fortune ; de telle sorte que le fils imbécile d'un valet enrichi par son impudence aurait été plus qu'un religieux faisant vœu de pauvreté et qu'un gentilhomme sans fortune mais entouré de respect. Cette hiérarchie est contraire à notre religion et à notre esprit national.

Avec le suffrage universel, qui ne met aucune différence entre le patron et l'ouvrier, entre le supérieur et l'inférieur, le respect de toute hiérarchie tend à disparaître.

Ce serait pire encore avec le suffrage à deux degrés, qui aurait pour conséquence de mettre directement le che ou le patron à la merci de ses subordonnés.

La seule hiérarchie reconnue de nos jours par tout le monde est celle de la position acquise par le mérite personnel, et, pour en maintenir le respect, la loi doit baser sur elle les droits des citoyens.

VIII.

Un gouvernement libéral doit raviver toutes les forces sociales.

Pour tout homme qui travaille, il y a trois associations qui lui tiennent au cœur ; la famillle, le corps auquel il appartient et la patrie.

La loi maintient le respect de la famille en donnant au père l'autorité et la gestion des biens. Certains esprits auraient voulu donner pour base aux lois l'intérêt des pères de famille, de telle sorte que chacun d'eux aurait possédé dans les élections un nombre de voix égal à celui de ses enfants mineurs. Il y a certainement dans cette idée un grand sentiment, mais la pratique n'aurait pas donné un meilleur résultat que le suffrage universel, car le peuple aurait toujours conservé sur la bourgeoisie un immense avantage. Et puis la loi qui aurait donné plus d'influence à un ivrogne chargé de famille qu'à un homme distingué sans enfants aurait-elle été conforme à la raison et à la conscience ?

Une grande force sociale qui tend à disparaître, mais qui a joué le plus grand rôle dans les siècles passés, est l'esprit de corps. On n'a plus à craindre aujourd'hui les abus des anciennes corporations, et la loi doit raviver cette grande force en tenant compte, pour donner le droit d'électeur, des usages et de la hiérarchie établis dans chaque profession séparément.

La loi doit ranimer l'amour de la patrie.

Avec le suffrage universel, le patriotisme tend à disparaître, parce que les passions dominent la raison. Tout raisonnement est impossible avec cette force brutale. Chacun, qui sent la France tomber tous les jours, ne voit pas d'autre moyen de salut que dans le triomphe de son parti ; il s'acharne avec passion contre les autres partis qu'il considère comme la cause de nos maux; la haine est dans tous les cœurs, la division entre tous les hommes. L'esprit de parti a tué le patriotisme ; un pays ainsi divisé ne peut que périr. Il ne faut accuser de nos maux ni les partis ni les hommes ; le mal est dans les lois seules. Avec le principe de la souveraineté du nombre, le parti logique avec la loi est le parti radical, et le malaise qui torture les conservateurs est dans la crainte de voir triompher ce parti. Qui oserait affirmer que si le pouvoir exécutif était dans les mains de Henri V, de Napoléon IV ou de Thiers, on serait assuré de ne pas voir triompher le radicalisme? Pour atteindre ce but, pour rendre le calme aux esprits et la sécurité à la France, il n'y a pas d'autre moyen que de supprimer le suffrage universel.

Avec un collége électoral composé d'hommes intelligents, la raison dominerait les passions, l'acharnement des partis disparaîtrait lorsque la loi ne ferait plus aucune distinction entre eux. Le pouvoir ne pourrait plus tomber aux mains de ces intrigants vulgaires qui ne peuvent réussir que par le suffrage des masses ignorantes, et l'intérêt des partis disparaîtrait devant celui de la patrie.

IX.

Un gouvernement libéral doit élever le moral et l'esprit de la nation.

Avec le régime censitaire, le dieu de la nation était le veau d'or ; on mesurait le patriotisme de chacun aux écus qu'il pouvait avoir, et un voleur heureux était plus dans l'État qu'un homme distingué sans fortune. Le pays ne pouvait que s'avilir de jour en jour.

Avec le suffrage universel, quelle noble émulation peut exciter les citoyens lorsqu'un imbécile débauché est tout autant qu'un travailleur intelligent, et que pour arriver aux honneurs il suffit souvent de débiter dans les cabarets les choses les plus insensées? Et puis, à quel degré d'avilissement ou d'exaspération le pays sera-t-il entraîné par les promesses des uns et les menaces des autres? Le pouvoir est dans les mains d'une masse ignorante; les uns font appel à ses passions, les autres veulent l'intimider et comptent sur sa lâcheté. Et c'est la France que ses législateurs réduisent à cet excès de honte ! Nous avons dans le cœur des sentiments de justice, de dignité et d'honneur qui s'appuient fièrement sur des traditions séculaires ; c'est sur ces sentiments qu'il faut baser nos lois, et non sur l'arbitraire, l'ignorance, les passions et la lâcheté.

En donnant le droit d'électeur au mérite, une noble émulation exciterait les citoyens qui voudraient participer aux affaires publiques. Le titre d'électeur ne serait plus donné au hasard, mais seulement à ceux qui sauraient le gagner et s'en servir avec discernement. Pour être élu il ne suffirait plus de débiter des insanités, il faudrait prouver qu'on est capable de défendre les intérêts de son pays. Les effrontés laisseraient la place aux hommes de talent, et lorsque le pouvoir dépendrait de tels hommes, la France, sûre de son avenir, aurait bientôt repris sa place à la tête de la civilisation.

X.

Un gouvernement libéral doit assurer le respect de la religion.

« Mais la religion elle-même n'est-elle pas liée nécessairement à l'ordre public? Elle tombe ou s'affaiblit avec lui. Les mœurs souffrent toujours de la faiblesse des lois. La confusion du Gouvernement est aussi funeste à la piété des peuples qu'au bonheur des empires. Le bon ordre de la société est la première base des vertus chrétiennes. L'observance des lois de l'État doit préparer les voies à celles de l'Évangile. L'Église ne doit compter sur rien dans un empire où le Gouvernement n'a rien de fixe. »

Notre triste expérience ne prouve que trop combien sont justes ces pensées de Massillon.

Avec le suffrage universel le respect de la religion est impossible. Pour réussir, le parti radical fait appel aux passions condamnées par l'Église, il est en lutte ouverte avec le clergé, et il emploie tous les moyens possibles pour détruire sur les électeurs l'influence de la religion et de ses ministres.

Avec un collége électoral intelligent, ces attaques contre la religion n'auraient plus leur raison d'être, car le radicalisme ne pouvant plus triompher, aucun parti n'aurait intérêt à attaquer les préceptes chrétiens, qui sont conformes à la raison et à la conscience.

Toutes les fonctions, toutes les récompenses devraient être données à ceux qui les méritent : à chacun selon ses œuvres ; ce serait là le triomphe du christianisme.

La véritable religion se dégagerait des erreurs qui ont

parfois obscurci son éclat. Trop souvent les ambitieux se sont servi de la religion pour parvenir ou pour opprimer les peuples ; ces moyens criminels ne seraient plus possibles lorsque le pouvoir dépendrait d'hommes intelligents, et la foi se raviverait dans les saines doctrines de l'Évangile et de l'Église.

XI.

Un gouvernement libéral doit être logique et plein d'unité.

Un gouvernement ne peut être logique qu'autant que les lois ne reposent pas sur divers principes tellement différents que l'affirmation de l'un d'eux est la négation des autres.

Une des grandes causes de trouble dans les esprits et de division entre les citoyens est dans la loi elle-même, lorsqu'elle admet comme également justes ces principes opposés. Le pays se divise forcément en autant de partis que la loi reconnaît de principes différents, chaque citoyen s'appuyant naturellement sur le principe le plus conforme à ses intérêts.

Sous le gouvernement de juillet, la loi admettait deux principes opposés ; de telle sorte que certaines fonctions se donnaient à la fortune et d'autres au mérite. La nation fut forcément divisée en deux partis : les bourgeois et les libéraux.

De nos jours, la loi reconnaît encore deux principes opposés. Le pays se trouve, par cette raison, divisé en deux partis : les radicaux, s'appuyant sur le principe de la souveraineté du nombre, qui est la base du suffrage universel, et les libéraux, sur celui de la suprématie de l'intelligence et du mérite, c'est-à-dire sur l'armée, le clergé, la magistrature et les diverses administrations.

Supposons admis un projet de constitution qui a été proposé. La Chambre des députés, nommée par le suffrage universel, reposerait sur le principe de la souveraineté du nombre.

La partie du Sénat nommée par la bourgeoisie reposerait sur le principe de la suprématie de la fortune.

L'autre partie du Sénat nommée par le chef du pouvoir exécutif reposerait sur le principe de la suprématie du mérite; et supposons qu'une loi quelconque, la loi militaire par exemple, soit en discussion.

Les radicaux de la Chambre des députés, qui ont leur origine dans le principe de la souveraineté du nombre, demanderont qu'on applique ce même principe à la loi militaire et que les grades soient donnés à l'élection.

Les enrichis du Sénat, s'appuyant sur le principe de la suprématie de la fortune, diront qu'un citoyen ne peut avoir intérêt au maintien de l'ordre qu'autant qu'il possède, et que les grades ne doivent être donnés qu'aux militaires dont la fortune offre des garanties de sécurité.

Enfin, un maréchal de France arrivé au Sénat par le principe de la suprématie du mérite soutiendra que les grades doivent être donnés au mérite personnel.

Il serait donc impossible à ces différents législateurs de se mettre d'accord, et cela justement parce que chacun d'eux serait logique et conséquent avec le principe même de son élection, principe reconnu également juste par la loi.

Par les mêmes raisons, le pays serait divisé en trois partis : les radicaux, les bourgeois et les libéraux.

Ainsi donc, il ne pourra exister de la logique dans les esprits, de l'unité dans les choses de l'État et de l'accord entre les citoyens qu'autant que toutes les lois, sans exception, reposeront sur un seul principe.

XII.

Un gouvernement libéral doit assurer la stabilité des institutions.

Le gouvernement qui se fait par les Chambres et qui s'appuie sur l'armée ne peut avoir de stabilité que si l'entente existe entre les Chambres et l'armée. Or, cet accord ne peut exister qu'autant qu'elles reposent sur le même principe.

On peut s'étonner que la bourgeoisie et le peuple se soient laissé dominer pendant plusieurs siècles par la noblesse qui était tellement inférieure en nombre. Le principe de la suprématie de la naissance, qui puise son origine dans les brillantes actions et les grands services rendus au pays et qui se perpétue par de belles traditions, s'appuie certainement sur les sentiments les plus élevés. Mais la véritable cause de la longue puissance de la noblesse a été dans l'unité de principe. Dans les parlements, à la cour, dans l'armée, dans la magistrature, dans le clergé, dans la nation entière, le principe de la suprématie de la naissance primait tous les autres. Il est bien certain que si les grades avaient été donnés au mérite dans l'armée, ainsi que cela se pratique aujourd'hui, elle n'aurait pas défendu la domination de la noblesse dans le pays.

Avec le régime censitaire, les Chambres représentaient les intérêts de la bourgeoisie seule, et c'est par elle que se faisait le gouvernement. Et de même que l'armée n'aurait pas soutenu la domination de la noblesse, de même elle ne devait pas soutenir celle de la bourgeoisie. Cela explique pourquoi le Gouvernement a croulé si rapidement en 1848.

Avec le suffrage universel, le gouvernement conservateur s'appuie sur l'armée pour lutter contre la domination exclusive du peuple, auquel le principe de la souveraineté du nombre donne le pouvoir. L'expérience démontre que l'armée ne défendrait pas davantage le despotisme du peuple que celui de la noblesse ou de la bourgeoisie. En 1871, derrière la Commune de Paris était tout le parti radical, et si elle avait triomphé, c'était le triomphe du radicalisme. On pouvait craindre que l'armée, vaincue, désorganisée, fatiguée par une campagne désastreuse, refuserait de marcher ou que les soldats, qui sont des ouvriers, lèveraient la crosse en l'air plutôt que de marcher contre les ouvriers de Paris; cependant l'armée a fait son devoir.

Il est donc démontré que, grâce à son organisation libérale, l'armée représente la nation entière et ne laissera dominer dans le pays ni la noblesse, ni la bourgeoisie, ni le peuple.

Quel serait le rôle de l'armée dans le projet de constitution qui est proposé et que j'ai cité plus haut? Je ne crois pas qu'on puisse espérer que si la Chambre des députés était nommée par le peuple et le Sénat par la bourgeoisie un équilibre parfait maintiendrait l'entente entre ces deux assemblées. Il est probable, au contraire, que l'antagonisme s'établirait entre elles, que les passions s'irriteraient de plus en plus, et que les rivalités et les haines entre le peuple et la bourgeoisie augmenteraient encore. Lorsque l'Assemblée nationale serait radicale, elle serait dissoute par le Sénat ou par le chef de l'État. Mais l'expérience démontre que les seconds tours de scrutin sont en général plus radicaux que les premiers; il est probable que le peuple, acharné dans sa lutte contre la bourgeoisie, renommerait une Chambre encore plus radicale. Quel serait alors le devoir du Gouvernement? Dans l'esprit des législateurs qui proposent cette solution, le Gouvernement devrait s'appuyer sur le Sénat pour lutter contre l'Assemblée nationale. La question qui se pose alors est celle-ci : L'armée soutiendrait-elle le Sénat, c'est-à-dire la bourgeoisie, contre l'Assemblée nationale, c'est-à-dire contre le peuple ? Qui oserait l'espérer !

Un gouvernement ne peut donc avoir de stabilité qu'autant que la loi militaire repose sur les mêmes principes que les autres lois constitutionnelles. Si, dans le pays, des fonctions se donnent à la naissance ou bien à la richesse, les officiers ne se serviront de leur autorité pour défendre les institutions que si les grades sont donnés ou vendus à la noblesse ou à la bourgeoisie. Il est bien évident qu'un officier parvenu par son mérite seul n'a aucune raison pour protéger les priviléges des nobles ou des riches, tandis qu'il est naturel qu'un gentilhomme profite de l'autorité que lui donne la loi militaire pour défendre dans la nation les priviléges de la noblesse, et un bourgeois, ceux de la bourgeoisie.

Je demanderai aux admirateurs des constitutions de l'Angleterre, de la Prusse ou de l'Amérique, qui s'efforcent d'introduire en France l'une d'entre elles, s'ils croient possible de faire accepter par notre armée la loi militaire de l'une ou de l'autre de ces nations ? Car enfin je ne puis pas supposer qu'ils soient assez peu logiques pour proposer d'adopter l'un quelconque de ces puissants mécanismes, tout en n'admettant pas le rouage le plus indispensable, celui qui soutient tous les autres : la loi militaire. Quant à moi, qui trouve que notre armée est organisée sur des principes justes et raisonnables, je crois que le seul moyen de faire soutenir par elle les lois constitutionnelles est de les baser sur les règles de justice dans l'égalité, qui sont la base de notre esprit militaire; et, dans ce but, je crois que les droits politiques ne doivent pas être donnés à la position de famille, ni à la position de fortune, mais seulement à la position acquise par le mérite personnel.

Les radicaux, qui demandent que toutes les lois reposent sur le seul principe de la souveraineté du nombre, sont parfaitement logiques. Le moyen le plus rapide d'assurer le triomphe du radicalisme serait de donner les grades dans l'armée à l'élection. Mais je ne vois pas sur quelle théorie ni sur quels faits ils peuvent se baser pour démontrer qu'ils assureraient la sécurité, la prospérité et la grandeur de la nation.

Quant au projet qui est proposé, je défie de prouver qu'il est logique de baser la loi militaire sur un principe et les lois constitutionnelles sur un autre. Cette solution doit sembler d'autant plus absurde qu'avec le service obligatoire tous les citoyens, jusqu'à quarante ans, sont soumis à la loi militaire. On ne peut pas admettre que tout homme soit soumis, dans sa vie civile, au principe de la souveraineté du nombre et dans sa vie militaire à celui de la suprématie du mérite.

Je défie de prouver que l'ordre sera assuré pour longtemps lorsque l'Assemblée nationale sera basée sur le nombre, une partie du Sénat sur la richese, et l'armée, le clergé, la magistrature, les administrations et l'autre partie du Sénat sur le mérite.

Il est douteux que les modifications proposées relatives au domicile et à l'âge donnent un meilleur résultat. L'obligation d'une assez longue durée de domicile est très-rationnelle dans la loi municipale. Il est juste qu'un citoyen qui n'est pas d'une commune, qui ne fait qu'y passer, n'ait pas le droit de participer aux affaires de cette commune. Mais conclure de là qu'il n'a pas le droit de prendre part aux affaires de la nation est impossible à démontrer.

Dans l'usage, la durée du loyer pour les ouvriers est d'une année. Les plus honnêtes peuvent, au bout de cette année, être forcés de changer de domicile. La loi leur ôtant le droit de vote pour une cause indépendante de leur volonté serait très-vexatoire ; or, tout homme vexé par la loi vote contre elle ; et le parti radical pourrait facilement les séduire et les gagner.

La condition d'âge est plus rationnelle et nullement vexatoire ; mais avec cette double condition d'âge et de domicile la plus grande masse des domestiques ne voteraient plus. Les gens riches n'ont plus guère une réelle influence que sur leurs domestiques pour les obliger à voter pour le candidat de leur choix. L'esprit d'indépendance tend à devenir le même chez les paysans que chez les ouvriers des villes. Ainsi, nous voyons les paysans les plus raisonnables, que les meilleures recommandations ont fait entrer au service des compagnies de chemins de fer ou autres, voter pour les candidats radicaux dès qu'ils se sentent indépendants, ce qui est bien naturel, puisqu'ils leur promettent tout ce qui peut les séduire.

Du reste, si les législateurs croient que le suffrage universel doit assurer la stabilité et la grandeur des institutions, pourquoi lui mettre des entraves et ne pas le laisser s'exercer dans sa plénitude ? Je ne crois pas qu'il soit possible d'en tirer, au point de vue conservateur, un meilleur parti que l'Empire. L'empereur pouvait compter sur une majorité conservatrice dans les Chambres, il était conseillé par des hommes de la plus haute intelligence, et il est peut-être impossible de faire, avec cette institution, mieux qu'ils n'ont fait.

Mais, disent certains législateurs, nous convenons bien que le suffrage universel conduit la France à l'abîme ; mais c'est un droit acquis, nous ne pouvons pas y toucher. C'est là un cercle vicieux qui étreint la nation et qu'il faut rompre. En 1789, il y avait des droits acquis ; la noblesse, pour les conquérir, avait versé son sang et donné un grand éclat au pays, et cependant l'Assemblée qui les a supprimés a été appelée immortelle. Mais quels sont donc les droits de cette masse ignorante qui nous mène à la ruine, et qu'a-t-elle fait pour les conquérir ? Il est temps de revenir à la saine raison. Oui, tous les Français doivent être égaux devant la loi ; oui, chacun doit pouvoir arriver également aux fonctions, aux honneurs, à la gloire ; mais il faut que chacun mérite ces fonctions, ces honneurs et cette gloire, car au-dessus des droits de l'homme sont les droits de la société.

D'autres encore, convaincus des résultats sinistres dont le

suffrage universel nous menace, ne veulent pas le supprimer par crainte d'une révolte dans le peuple.

Mais ils ne connaissent donc pas sa grandeur et le profond sentiment de justice qui domine dans sa conscience. Si l'on voulait rétablir les priviléges de la noblesse ou de la bourgeoisie, on aurait raison de craindre une sédition; mais si la loi impartiale était égale pour tous, qui oserait ne pas s'y soumettre ? Quel est celui qui se plaindrait si la fonction d'électeur, étant donnée au mérite personnel, il n'avait pas su l'acquérir? Les révoltes ne se font que contre des injustices.

La nation n'a rien à craindre des gens riches qui, malgré leur fortune, n'auraient pas su se créer une position suffisante pour être électeurs, et, par un sentiment très-naturel, lorsque les ouvriers verraient ces gens riches ne pas être électeurs, ils ne seraient pas froissés dans leur amour-propre, et la loi leur semblerait juste lorsqu'il leur serait prouvé qu'elle ne donne de privilége à personne. Et, on peut bien le dire, un grand nombre d'entre eux verraient supprimer le suffrage universel sans se plaindre ; leur rôle dans les élections n'a rien qui les séduise. Ils ne connaissent souvent ni les noms ni les idées des candidats, et le choix leur est bien indifférent. Ils sont tiraillés entre les menaces et les promesses des divers partis ; les uns votent par crainte, les autres par complaisance, les plus fiers s'abstiennent souvent. Je connais des paysans qui, fatigués du rôle ridicule qu'on leur faisait jouer dans les élections, ont déclaré qu'ils ne voulaient plus aller voter. Que la loi leur donne le droit de participer à la nomination des conseillers municipaux et généraux, ils seront satisfaits; car là il s'agit de leurs intérêts directs, et ils sentent bien que ce sont les seules élections qu'ils puissent faire avec connaissance de cause. La partie honnête de la nation verrait supprimer le suffrage universel sans songer à la révolte. Il n'en serait pas de même de ces hommes qui sont une minorité dans le pays, mais qui forment un parti assez nombreux pour n'être pas sans danger.

L'anarchie est leur but. Pour satisfaire leurs ambitions infâmes, ils veulent tout détruire, tout renverser; et dans les jours de révolution, on les a vus faire frémir la nation sous la terreur qu'ils inspiraient. Certes, ces hommes-là ne veulent pas qu'on supprime le suffrage universel; mais la société n'a pas seulement le droit, elle a le devoir d'arracher de leurs mains une arme si dangereuse. Cependant, si quelques-uns de ces hommes criminels levaient le drapeau de la révolte, le Gouvernement pourrait compter sur l'armée; elle ferait son devoir comme aux jours de la Commune, car elle défendrait certainement le principe sur lequel repose son organisation.

Enfin, j'ai lu dans un journal royaliste, en faveur du suffrage universel, un argument qui est au moins naïf et qui peut se résumer ainsi : « Il est vrai que le suffrage universel ne peut donner que le despotisme avec l'Empire ou l'anarchie avec le radicalisme; mais on ne doit pas le supprimer, parce que les bonapartistes et les radicaux auraient une force considérable dans tous les citoyens privés du droit d'électeur. » Ce serait, en tout cas, une force bien peu effective, puisqu'ils ne pourraient pas voter. Je crois, au contraire, que le radicalisme cesserait de menacer le pays lorsqu'il n'aurait plus aucun moyen de réussir, et que l'ordre se maintiendrait dans la nation exactement pour les mêmes raisons qu'il se maintient dans l'armée. Tous les hommes sans instruction font leur temps de service sans avoir le moindre espoir d'avancement; ils ne s'en prennent pas à la loi militaire, qui est juste, mais ils reconnaissent leur incapacité, et ils regrettent les causes qui les ont empêchés de s'instruire. Il en serait de même dans la nation si les lois constitutionnelles étaient aussi justes et impartiales que la loi militaire. Les citoyens qui ne seraient pas électeurs ne s'en prendraient pas à la loi, mais bien à leur manque d'instruction et aux causes qui les ont empêchés de s'instruire, et ceux qui ont de l'amour-propre tâcheraient de vaincre ces causes, sinon pour eux, du moins pour leurs enfants.

Une conséquence de la suppression du suffrage universel, qui la rendrait moins impopulaire chez la classe ouvrière, serait l'amnistie des malheureux que des conseils criminels ont entraînés dans cette fatale guerre de la Commune. Il est loin de mon esprit d'avoir la moindre pensée de miséricorde pour les chefs, et s'ils remettent jamais le pied sur le sol qu'ils ont ensanglanté, ce devra être pour subir la peine due à leurs crimes. Mais quant à ceux qui ont été entraînés, le Gouvernement, qui ne devra plus agir par intimidation, pourra leur faire grâce sans danger social.

Je ne m'arrêterai pas ici à combattre tous les expédients et toutes les demi-mesures qui sont proposés de toutes parts. On ne gouverne pas des millions d'hommes avec de semblables procédés, et il est reconnu que les demi-mesures sont la pire solution.

Cependant, on propose d'adopter un système dont le but est de vouloir satisfaire tout le monde.

Il consiste à admettre le principe de la souveraineté du nombre, en donnant le droit de vote à tous les citoyens ; le principe de la suprématie de la richesse, en donnant plus de voix aux gens riches, et le principe de la suprématie de l'intelligence, en donnant également plus de voix aux hommes instruits. Ce système, qui donnerait un collége électoral plus éclairé, aurait les inconvénients réunis et du régime censitaire et du suffrage universel. La loi mettant une distinction basée sur la fortune vexerait les citoyens pauvres qui donneraient leurs voix à l'opposition, ainsi que le font toujours ceux qui sont vexés par la loi. Il y aurait encore une masse ignorante, tiraillée entre les menaces et les promesses des partis. Le parti radical aurait des chances de triompher, et la sécurité n'existera réellement que le jour où la loi ôtera au radicalisme tous les moyens de triompher, car alors seulement les agissements de ce parti, n'ayant plus de but, cesseront forcément.

Cette solution serait donc bien loin de faire cesser nos divisions, et puis, l'esprit français accepterait-il cette distinction en électeurs deux ou trois fois plus capables les uns que les autres ? On est capable ou on ne l'est pas, et, dans ce cas, pourquoi la loi donnerait-elle un droit qu'on ne peut pas remplir ?

Plusieurs esprits, qui n'entrevoient la possibilité de l'ordre que dans le despotisme, voudraient qu'un gouvernement énergique s'appuyât sur l'armée pour maintenir la nation par la force. Dans les crises suprêmes, lorsque tout croule comme en 93, et qu'un monde nouveau s'élève sur l'ancien, le despotisme militaire, un Napoléon peut être la nécessité. Mais il n'est pas de politique plus dangereuse que de mettre ainsi l'armée en opposition avec le pays.

N'est-il pas plus logique de faire le raisonnement suivant?

La nation se compose de citoyens isolés, sans armes, occupés dans leurs familles, qui ne demandent que la tranquillité aux lois, afin de progresser dans leurs affaires. Et cependant le trouble est entre ces citoyens, parce que les lois constitutionnelles ont été basées successivement sur les principes de la suprématie de la richesse et de la souveraineté du nombre.

L'armée, au contraire, se compose des mêmes hommes réunis, armés, n'ayant pas de plus vif désir que de rentrer dans leurs foyers, et dont beaucoup aiment les combats, et cependant l'ordre, la discipline, la force y règnent pour cette seule raison que la loi militaire repose sur le principe de la suprématie de l'intelligence et du mérite, principe essentiellement juste, raisonnable, chrétien et français.

En basant les lois constitutionnelles sur le même principe, le même ordre régnerait dans la nation et dans l'armée.

Dans l'armée, chacun se soumet à l'autorité, parce que le

principe de l'autorité réside dans la loi seule et que le respect de la hiérarchie est observé.

Il n'existe aucune rivalité entre les riches et les pauvres, parce que la loi ne fait aucune distinction basée sur la fortune.

Il n'existe aucune rivalité entre les partis, parce que la loi ne fait aucune distinction basée sur les opinions politiques.

Il n'existe aucune rivalité entre les classes sociales, parce que la loi ne donne aucun privilége ni à la naissance, ni à la richesse, ni au nombre, et qu'elle a une égale confiance dans toutes les parties de la société.

Et l'armée reste debout, ferme et solide, au travers de toutes nos révolutions, parce que toutes les fonctions et toutes les récompenses sont données au mérite, ce qui est conforme à la raison et à la conscience.

Or, le cœur humain ne varie pas sous les drapeaux et dans les foyers, et le seul moyen de faire cesser nos divisions, nos rivalités et nos luttes, est de baser les lois constitutionnelles sur les mêmes règles de justice et de véritable égalité.

Je pourrais m'étendre plus longuement sur cette théorie, car les arguments abondent contre le suffrage universel. Mais il y a dans l'Assemblée nationale plus de quatre cents députés qui ont lutté contre l'Empire et contre le radicalisme, et qui, depuis vingt-cinq ans, ont amassé dans leur esprit contre cette institution des raisonnements beaucoup plus concluants sans doute que tous ceux que je pourrais émettre ; aussi, j'ai la conviction que si la question était posée devant l'Assemblée nationale entre le principe de la souveraineté du nombre et celui de la suprématie de l'intelligence et du mérite personnel, ce dernier rallierait une majorité considérable.

Il serait alors possible au Gouvernement du maréchal, s'appuyant sur un principe juste et sur une véritable majorité, de donner à la France des lois dignes d'une grande nation.

LOI ÉLECTORALE.

CHAMBRE DES DÉPUTÉS.

Il est possible de former un collége électoral basé sur le mérite personnel. Je n'ai pas la prétention de résoudre complétement une question aussi complexe, mais je voudrais prouver qu'on peut arriver à une solution pratique.

La commission chargée d'étudier la composition du collége électorale doit, pour ne pas être abandonnée à l'arbitraire ni à l'incertain, bien connaître la volonté de l'Assemblée nationale ; il est donc nécessaire, tout d'abord, de bien déterminer par des votes quels devront être l'esprit de la loi électorale et les règles qui lui serviront de base.

Admettons que les règles adoptées par la Chambre soient les suivantes :

Le collége électoral devra comprendre tous les citoyens occupant par leur mérite personnel les positions déterminées par la loi.

Aucune classe sociale ne devra avoir une prédominance marquée sur l'autre. Dans ce but, comme exemple qui devra servir de terme de comparaison, le droit d'électeur dans l'armée sera donné à partir du grade de sous-officier.

Aucune distinction ne devra être basée ni sur la naissance, ni sur la fortune, ni sur les opinions politiques ou religieuses.

Afin de raviver l'esprit de corps et de faire respecter la

hiérarchie, la loi devra tenir compte des usages établis dans chaque profession et baser sur la hiérarchie reconnue dans chacune d'elles les droits des citoyens.

Ces règles étant votées par l'Assemblée, le rôle de la commission chargée de les appliquer serait assez difficile pour qu'on doive éviter toutes les entraves inutiles. Cette commission devrait donc être composée exclusivement de députés bien décidés à baser sur ces règles la formation du collége électoral.

Les différentes positions peuvent se diviser en trois classes principales.

Seraient électeurs : 1º tous les citoyens ayant un grade, titre, brevet ou diplôme.

Ce seraient, par exemple : les anciens officiers et sous-officiers de l'armée active et de la marine, les officiers et sous-officiers des réserves ; les membres du clergé, tous les fonctionnaires et employés de l'État ; les citoyens ayant obtenu un diplôme quelconque ; les élèves des écoles du Gouvernement, de l'industrie, du commerce et de l'agriculture ; les élèves des beaux-arts et des conservatoires; les artistes admis au Salon, les membres de la Légion-d'Honneur et les médaillés de toutes sortes, etc.

Pour déterminer cette classe d'électeurs, la commission ne rencontrerait aucune autre difficulté qu'une nomenclature à établir. Dans les diverses administrations de l'État, la hiérarchie est aussi officielle que dans l'armée. Il est possible de déterminer dans chacune d'elles à partir de quelle position le droit d'électeur serait donné.

2° Tous les citoyens ayant obtenu une position quelconque par le suffrage de leurs concitoyens.

Ce seraient les conseillers municipaux et généraux, etc.

Là encore la commission ne rencontrerait pas d'autre difficulté qu'une nomenclature à établir.

Peut-être pourrait-on comprendre dans le collége électoral tous les hommes occupant une position dans la hiérarchie des associations créées dans un but d'humanité ou d'utilité publique, mais ces associations devraient être approuvées par l'Assemblée nationale.

3° Les hommes occupés dans les affaires, les commerçants, les industriels, les agriculteurs et les employés.

Pour déterminer le choix de ces électeurs, on pourrait procéder de la façon suivante : Après avoir établi la nomenclature de toutes les professions honorables, il serait fait une étude distincte pour chacune d'elles en particulier. Dans certaines grandes administrations, telles que les compagnies de chemins de fer, la hiérarchie est aussi bien déterminée que dans les administrations de l'État. Le travail ne présenterait donc pas de difficulté.

Dans chacune des autres professions il existe une hiérarchie qui, pour n'être pas officielle, n'en est pas moins admise par tout le monde et facile à définir par ceux qui exercent cette profession.

Cette hiérarchie se compose des patrons et des employés.

Le choix des patrons serait soumis aux règles du régime censitaire, avec cette différence qu'il ne suffirait pas d'être propriétaire, ce qui n'est pas une preuve d'intelligence, mais il faudrait être personnellement occupé dans les affaires.

Ainsi, serait électeur tout citoyen payant la patente déterminée pour la profession qu'il exerce ou régissant une propriété payant un chiffre fixé d'impositions.

Pour les employés, comme ce sont des hommes d'affaires, on pourrait admettre l'usage le plus répandu dans les affaires, usage qui est la base même du crédit, et qui repose sur un grand sentiment, la confiance. On ne pourrait qu'élever ainsi l'esprit politique et moral de la nation. Il consisterait à exiger de tout employé qui voudrait se faire inscrire sur la liste électorale de se faire présenter par son patron, et de faire garantir par deux signatures qu'il est bien dans les conditions définies par la loi. En face du nom de l'électeur on afficherait les noms des notables qui l'ont présenté, de telle sorte que les abus qui pourraient se commettre ne seraient pas imputés au Gouvernement, mais aux notables qui ont affirmé que l'employé était dans les conditions légales.

Ce travail peut paraître compliqué au premier abord, parce qu'il embrasse un grand nombre de professions différentes ; mais pour chacune d'elles prise séparément, l'étude ne serait pas très-difficile, elle exigerait surtout le plus grand tact et un grand esprit de justice.

La pratique serait des plus simples. Chaque citoyen saurait facilement quelles sont, dans la profession qu'il exerce, les positions donnant droit à la fonction d'électeur ; et pour se faire inscrire sur la liste électorale, il n'aurait qu'à présenter son titre, brevet ou diplôme, sa patente ou le chiffre des impositions payées par son exploitation, ou bien un certificat d'employé mentionnant sa position, signé par son patron et par deux notables.

Plus le collége électoral est restreint, plus la loi doit en écarter impitoyablement tous les hommes qui ne sont pas d'une honorabilité parfaite. Il est juste que tous les citoyens puissent prendre part aux affaires de l'État, s'ils en sont capables, puisque tous contribuent aux charges publiques. Tout homme ayant mérité la fonction d'électeur pourrait être laissé libre de se faire inscrire à son choix dans la commune où il est né, dans celle où il est propriétaire, ou bien dans celle où il réside depuis une année.

Dans la situation critique où se trouve aujourd'hui la France, le collége électoral doit être assez restreint pour ne comprendre que des hommes suffisamment instruits pour choisir les députés avec le plus grand discernement. Dans l'avenir, lorsque le calme sera revenu dans les esprits et que pour tout Français il n'y aura plus qu'un seul parti : la patrie, alors il sera possible aux législateurs d'augmenter le collége électoral en exigeant des preuves d'intelligence moins grandes ;

mais il est une règle qui devra rester fixe comme la vérité:
c'est que pour élever de plus en plus l'esprit national, la fonction d'électeur ne devra jamais être donnée au hasard, ni à la
richesse, ni au nombre, mais toujours au mérite seul.

LOI MUNICIPALE.

Autant la décentralisation est impossible avec le suffrage universel, ainsi que le démontre l'expérience du Gouvernement actuel, de celui du 4 septembre et de l'Empire, autant elle serait la conséquence forcée de l'application du principe de la suprématie du mérite personnel. Les maires, ne devant plus être choisis par des considérations politiques, devraient être nommés par les conseils municipaux. Mais la loi devant exiger d'eux les conditions indispensables de capacité, de dignité et d'obéissance, tout maire ne remplissant pas ces conditions serait cassé et privé du droit d'éligibilité.

La loi électorale municipale doit être bien distincte de la loi électorale politique, car les mêmes conditions ne peuvent pas être exigées pour prendre part aux affaires d'une commune et à celles de l'Etat.

Dans l'esprit de la loi municipale, la question politique doit être complétement étrangère, et la question d'intérêt local doit primer toutes les autres.

Tout citoyen faisant partie d'une commune est assez intelligent pour être admis dans le collége électoral chargé de nommer le conseil municipal.

Pour faire partie d'une commune, la loi doit exiger diverses conditions.

Tout citoyen doit pouvoir se faire inscrire à son choix dans la commune où il est né ou dans celle où il est propriétaire, ou bien dans celle qu'il habite depuis un temps déterminé par la loi.

Ce temps peut varier suivant l'importance de la commune,

car les usages varient dans les campagnes et dans les villes. Ainsi, il semble juste qu'un paysan, après un an de domicile, fasse partie du collége électoral dans une commune rurale, tandis qu'à Paris, pour prendre part aux affaires de la ville, il faudrait être naturalisé Parisien après plusieurs années de résidence. Autrement, en n'exigeant à Paris que six mois ou un an de domicile, on arrive à ce résultat injuste que le conseil municipal est nommé par les étrangers qui affluent dans la capitale, et non par les Parisiens. Que les ouvriers ou bourgeois qui viennent à Paris pour leurs affaires, leur plaisir ou leur instruction, restent inscrits sur la liste électorale de leurs communes respectives, rien de plus juste, mais que les Parisiens aient seuls le droit de faire eux-mêmes leurs propres affaires.

Tout citoyen propriétaire dans plusieurs communes devrait avoir le droit de faire partie des colléges électoraux de toutes ces communes, puisqu'il contribue aux charges de chacune d'elles.

Il est juste que chaque partie de la commune soit également représentée dans le conseil municipal. Aujourd'hui, des propriétés considérables contribuent aux dépenses générales, mais n'en profitent pas, parce qu'à cause de leur éloignement du clocher et de la plus grande masse des électeurs elles ne sont pas représentées.

L'expérience démontre que moins le collége électoral est étendu, plus la question d'intérêt local prime la question politique.

Dans cette double considération, en théorie, chaque commune devrait être divisée en un nombre de sections égal à celui des conseillers municipaux. Chacune de ces sections devrait payer un chiffre égal d'impositions, et nommerait séparément le conseiller chargé de la représenter au conseil municipal.

Dans l'application de cette théorie, chaque commune pourrait être laissée libre de réunir deux ou trois sections, de manière à grouper ensemble les localités ayant les mêmes intérêts.

Ce système pourrait être appliqué dans la capitale de la manière suivante : Chaque arrondissement serait divisé en vingt-cinq quartiers. Chacun de ces quartiers nommerait son conseiller. Chaque arrondissement serait ainsi administré par un conseil municipal composé de vingt-cinq membres qui nommeraient le maire et les adjoints. Les maires des différents arrondissements réunis formeraient le conseil de Paris, dont le président, élu par lui, serait le maire de Paris.

Lorsque le suffrage universel serait supprimé et que le radicalisme ne pourrait plus triompher, les communes n'auraient aucun intérêt à nommer des conseillers radicaux. Mais si quelques-unes en nommaient encore, ce serait sans danger public, puisqu'ils seraient cassés et privés de leurs droits politiques en cas d'incapacité ou de désobéissance aux lois.

Avec cette double loi électorale, politique et municipale, tous les citoyens seraient admis à prendre aux affaires publiques la part que comportent leur intelligence et leur mérite. Il n'y aurait donc à craindre aucune oligarchie, puisque personne ne serait exclu de cette participation, et le Gouvernement, s'appuyant sur toutes les intelligences et les résumant en lui, pourrait mettre à exécution les grandes idées de libéralisme et de décentralisation qui sont dans l'esprit de chacun, mais qui sont impossibles avec le suffrage universel.

LE SÉNAT.

Le rôle de la Chambre des députés est surtout de veiller aux intérêts de la nation. Celui du Sénat doit être d'assurer la stabilité et la grandeur des intitutions.

En Angleterre, la Chambre haute est formée en grande partie des descendants des hommes illustres qui, par leurs vertus, ont le plus contribué à la gloire nationale. La Chambre des lords possède un grand prestige, puisé dans la tradition et dans son indépendance. En France, où le niveau égalitaire a détruit l'ancienne noblesse, le Sénat ne peut plus être une aristocratie de naissance ; mais, au nom du principe de la suprématie du mérite, il doit être une aristocratie de l'intelligence et de l'honneur. Il doit comprendre les hommes les plus éminents de l'Église, la justice, l'armée, l'administration, l'instruction publique, les sciences, les arts, les lettres, l'industrie, le commerce et l'agriculture, et aussi, parmi les descendants de nos grands hommes, ceux qui portent le plus dignement le nom de leurs aïeux. C'est une pensée généreuse que d'admettre que les descendants de ceux qui ont fait de la France une grande nation soient appelés à continuer l'œuvre de leurs pères. Il est loin de ma pensée de prétendre que la fonction de sénateur doive être héréditaire ; mais je crois que le prestige du Sénat ne peut qu'augmenter si, à côté des hommes les plus éminents de l'époque siègent ceux qui portent dignement des noms qui sont la gloire nationale.

Par qui sera nommée la Chambre haute ?

On propose de faire nommer le Sénat en partie par le chef du pouvoir exécutif et en partie par un collége électoral composé de la haute bourgeoisie. De telle sorte que l'Assemblée nationale, nommée par le suffrage universel, représenterait les intérêts du nombre, c'est-à-dire du peuple, et le Sénat ceux de la bourgeoisie.

Ce serait là l'antagonisme social organisé, chaque classe de la société ayant pour état-major une Chambre différente.

On voudrait donner au Sénat le droit de dissoudre l'Assemblée des députés. Mais lorsque les chefs du parti radical viendraient dire à leurs électeurs que la Chambre des bourgeois a dissous la Chambre des ouvriers, peut-on espérer que le peuple irrité ne renommerait pas une Assemblée encore plus radicale, sinon révolutionnaire.

On voudrait comprendre les grands propriétaires dans ce collége chargé de nommer le Sénat. C'est l'application d'une idée inventée sous le régime censitaire. La bourgeoisie, voulant jouer le rôle de la noblesse, avait imaginé de créer une aristocratie d'argent. Certes, il existe des grands propriétaires qui, par leurs traditions d'honneur et les services rendus dans la contrée, inspirent autour d'eux le respect à chacun. Mais un grand nombre des familles les plus honorables ont vendu ou divisé leurs terres, et trop souvent la grande propriété se trouve aux mains d'enrichis devant lesquels les paysans ne se découvrent même pas, parce qu'ils ont apporté dans les campagnes l'âpreté des hommes d'argent et l'arrogance des parvenus. De quel droit ces hommes feraient-ils partie du collége électoral chargé de nommer le Sénat? Les priviléges sont abolis, et personne ne demande qu'on les rétablisse; mais s'il doit en exister encore, qu'on les rende à la naissance, mais qu'on ne les donne pas à la fortune. Dans une nation chrétienne, qui se prosterne devant l'abnégation et l'humilité, chez un peuple libéral qui, dans sa noble fierté, ne s'incline que devant l'honneur, l'intelligence, les vertus et les traditions, jamais on ne reconnaîtra une aristocratie d'argent. L'aristocratie française peut s'appeler Turenne ou

Corneille, Lamartine ou Mac-Mahon, mais non Turcaret, fût-il le plus grand propriétaire du monde entier.

Le Sénat et l'Assemblée nationale ne doivent pas être nommés par deux colléges électoraux différents, puisque chacun de ces colléges étant composé d'une classe sociale différente, ce serait irriter encore plus la lutte déjà trop vive qui existe entre la bourgeoisie et le peuple.

En faisant nommer les deux Assemblées par le même collége électoral, cet antagonisme n'existerait pas, mais les deux Chambres, ayant la même origine, auraient une composition identique. Tout autant vaudrait n'en avoir qu'une seule.

Je dirai plus ; le Sénat, devant être une aristocratie, ne peut pas être nommé par un collége électoral. Une réunion quelconque d'électeurs choisira toujours les candidats qui lui sembleront les plus capables de défendre ses intérêts, mais elle ne choisira pas les hommes les plus éminents par leurs vertus et par les services rendus à la patrie.

Et puis, pour assurer le respect des lois, la Chambre haute doit avoir un grand prestige dans le pays ; et pour maintenir la grandeur de la France en face des nations étrangères, elle doit pouvoir se placer au-dessus des questions d'intérêt. Le pourrait-elle si elle était nommée par la bourgeoisie ?

Si le Sénat était nommé par le chef du pouvoir exécutif, il pourrait se composer des hommes les plus éminents ; mais quelle que soit l'impartialité du souverain, il serait considéré comme une réunion de courtisans, et n'aurait aucun prestige.

Il semblerait juste que les sénateurs, devant être les hommes qui ont rendu les plus grands services au pays, soient désignés par le pays lui-même. Or, la plus haute expression du pays est l'Assemblée nationale. Mais il serait à craindre que l'esprit politique de la Chambre n'écartât du Sénat des hommes illustres à cause de la divergence de leurs opinions. Dernièrement le Conseil d'État a été élu par l'Assemblée nationale, et les choix, faits avec justice, ont satisfait l'opinion publique.

Si, une fois formé, le Sénat se renouvelait lui-même, à l'instar de l'Académie française, le principe de l'égalité serait observé; il se composerait des hommes les plus distingués, et il puiserait dans ce mode d'élection une grande indépendance. Mais on pourrait craindre que la majorité ne se déplaçant jamais, la Chambre haute puisse se trouver à un certain moment en désaccord avec l'esprit général du pays, ce qui pourrait créer au Gouvernement les plus grandes difficultés.

Pour concilier les avantages et les inconvénients de ces divers modes d'élection, le Sénat pourrait être ainsi formé :

Un tiers comprendrait les grands dignitaires et les hauts fonctionnaires qui sont nommés par le chef du pouvoir exécutif ;

Un autre tiers serait nommé par l'Assemblée nationale, représentant le pays, et, afin de ne sacrifier aucun parti, la majorité et la minorité nommeraient chacune séparément un nombre de sénateurs proportionnel au sien.

Ces deux tiers réunis nommeraient le troisième.

Par ce mode de formation aucun parti ne serait sacrifié, le principe d'égalité serait observé, et le Sénat se composerait, non pas d'hommes plus ou moins habiles à défendre les intérêts d'un collège électoral quelconque, mais bien des hommes les plus éminents de la nation.

Pour ajouter à l'indépendance du Sénat, les sénateurs devraient être nommés à vie. A sa mort, chaque sénateur serait remplacé par le chef du pouvoir exécutif, par l'Assemblée nationale ou par le Sénat, suivant l'origine de son élection.

Le plus grand avantage de cette diversité d'origines serait qu'un homme illustre ne pourrait pas être écarté par l'esprit de parti ou de coterie.

Le Sénat se trouverait par ce mode d'élection en rapport direct avec le chef du pouvoir exécutif et avec le pays ; il posséderait un grand prestige et une grande indépendance.

Le rôle du Gouvernement deviendrait facile, car l'accord se ferait aisément entre un Sénat composé de l'aristocratie intellectuelle et une Assemblée nationale élue par toute la partie intelligente du pays.

DU POUVOIR EXÉCUTIF.

On peut lire dans tous les journaux du Gouvernement que le devoir de l'Assemblée nationale est d'organiser le septennat, dans le but de calmer les esprits et de ramener l'ordre dans les affaires. Pour atteindre ce but, on propose de conserver le suffrage universel, qui est la cause de tous nos maux depuis un quart de siècle, et de créer de nouvelles causes de division entre les citoyens en formant un collége électoral avec la bourgeoisie pour nommer le Sénat. La solution présentée est donc la suivante : Organiser un pouvoir devant durer sept années, s'appuyant d'une part sur un collége plébéien, comprenant en grande majorité les petites gens, et d'autre part sur un collége aristocratique, comprenant exclusivement les gens riches et haut placés; et afin d'augmenter encore toutes les rivalités qui troublent la nation, pendant ces sept années tous les partis : radicaux, royalistes, républicains et bonapartistes, s'acharneraient dans des luttes incessantes, afin d'assurer leur triomphe après le septennat.

Ce programme n'est pas fait pour désarmer les partis et pour rallier tous les bons esprits.

Eh ! qu'importe à la France qu'on organise le septennat, la république, la royauté ou l'empire : le pays sait bien que le chef du pouvoir exécutif ne gouverne plus et que, quel que soit son nom, le véritable souverain n'est pas lui, mais bien l'Assemblée nationale, c'est-à-dire en réalité la majorité des électeurs. Lorsque la nation ensanglantée nommait ses députés, lorsque les populations avides de tranquillité se ruaient sur le passage de Mac-Mahon pour l'acclamer, quel

était le vœu de tous les cœurs ? Ce que le pays demande à ses
députés, ce que le nation demande à son chef, c'est d'organiser la France.

Ah ! c'est là une idée assez large pour que tout le monde
puisse s'entendre. Oui, je le sais, il se trouvera encore des
députés qui, par ambition ou par entêtement, préféreront
sacrifier la nation au triomphe exclusif d'un parti ; mais le
nombre ne saurait en être grand ; car, dans ces circonstances
suprêmes, en face de la France qui s'épuise, de la Prusse qui
veut notre ruine, en face du monde entier, en face de l'histoire, l'entêtement serait de l'imbécillité et l'ambition de
l'infamie.

Quelle grande page dans l'histoire sera celle de l'Assemblée
et du maréchal, si de la France troublée, divisée, découragée,
ils font une nation unie, grande et prospère. Pour cela, il faut
que l'union se fasse entre tous les députés qui sentent vibrer
dans leur cœur l'amour de la patrie, et cette union, qui ne
peut pas se faire autour du septennat, de l'empire, de la
république ou de la royauté, ne peut se faire qu'avec un seul
mot : la France, et c'est la France qu'il faut organiser.

Que les royalistes, que les bonapartistes, que les républicains
considèrent, s'ils le veulent, le maréchal comme représentant
le souverain de leurs rêves, mais qu'ils organisent avec lui des
institutions stables, grandes, et dignes de la patrie.

Certes, le principe de la souveraineté royale est une grande
force, et l'union de tout un peuple autour de son roi est un
puissant moyen de prospérité. Mais ce principe n'est une force
qu'autant que tous les citoyens entourent de leur affection et
de leur respect une seule famille dépositaire de l'autorité
souveraine. En France, cet accord n'existe pas, et l'Assemblée
ne pourrait peut être pas se prononcer en faveur d'une dynas-
tie sans soulever des discordes et des luttes. Dans quelques
années si, grâce à la sagesse des lois, la raison a dominé les
passions, si le patriotisme a tué l'esprit de parti, si le calme

s'est fait dans les âmes , alors seulement le pays pourra choisir en conscience la forme de gouvernement qui lui conviendra le mieux pour assurer la sécurité à l'intérieur et des alliances à l'étranger.

Une grande nation ne peut pas s'organiser sur des expédients ni sur des demi-mesures ; il faut que les institutions reposent sur des principes.

Or, ces principes ne sont qu'au nombre de quatre :

La suprématie de la naissance, qui donne le pouvoir à la noblesse ;

La suprématie de la richesse, qui donne le pouvoir à la bourgeoisie ;

La souveraineté du nombre, qui donne le pouvoir au peuple,

Et la suprématie du mérite personnel, qui donne le pouvoir à tous les hommes qui en sont capables et dignes, dans le peuple, dans la bourgeoisie et dans la noblesse.

Pour assurer la logique dans les esprits, l'unité dans les choses de l'État, l'union entre les citoyens et la stabilité dans les institutions, la loi doit-elle être basée sur un seul ou sur plusieurs de ces principes ?

Et si la loi ne doit reposer que sur un seul principe, quel est le plus juste et celui qui devra assurer la grandeur et la stabilité des institutions ?

Si ces questions étaient posées devant l'Assemblée nationale, le principe de la suprématie de la naissance serait tout d'abord écarté, et cependant si la France fut grande dans les siècles passés, la noblesse a bien le droit de revendiquer la part qui lui en revient ; mais aujourd'hui elle donne un exemple très-grand. Tandis que les intérêts et que les ambitions luttent et s'acharnent de toutes parts, la noblesse seule ne demande rien. Ah ! que son exemple soit donc suivi par la bourgeoisie, dont le pouvoir se résume entre les révolutions de 1830 et de 48 ; qu'il soit suivi par le peuple, par ces masses ignorantes dont l'influence nous a conduits insciemment aux désastres de 1870 et de 1871, et ne peut aboutir qu'à l'anarchie ou au despotisme, et que la France entière se rallie dans le seul principe de la suprématie du mérite !

Tous les autres principes sont une cause de division entre les citoyens ; lui seul est admis par tout le monde ; et si notre société est encore debout, c'est à lui qu'elle le doit, car il a donné aux institutions dont il est la base une telle solidité, que seules elles ont soutenu l'édifice national au travers de toutes les révolutions et de tous les désastres.

La solution du problème des lois constitutionnelles, problème de vie ou de mort, est dans ce principe seul, et j'ai la conviction qu'en lui sera notre salut, parce qu'il est inscrit par Dieu dans notre raison et dans notre conscience, et par le Christ dans son Évangile.

LUDOVIC TIERSONNIER,

Ancien chef de bataillon aux mobiles de la Nièvre.

La Grâce, près Nevers, septembre 1874.

Nevers. — Imp. et Lith. Fay.